Schultz

Das Original-Übungsheft für das Autogene Training

Prof. Dr. Dr. I. H. Schultz – 1884 in Göttingen als Sohn eines Pfarrers geboren – habilitierte sich nach dem Medizinstudium mit einer neuropsychiatrischen Arbeit. Seine empirisch-naturwissenschaftliche Ausbildung prägte die Art, in der er das Ressourcenorientierte Verfahren des Autogenen Trainings in den 20er Jahren entwickelte. Erst nachdem die körperlichen Veränderungen beim Autogenen Training nachgewiesen waren, veröffentlichte er 1932 seine Monografie. Bereits bei seinem Tod 1970 war das Autogene Training das verbreitetste Entspannungsverfahren im deutschen Sprachraum. Seither hat es weiter an Bedeutung gewonnen, wozu die Arbeit der von I. H. Schultz gegründeten »Deutschen Gesellschaft für ärztliche Hypnose und Autogenes Training« beiträgt.

Dr. med. Dr. phil. Klaus Thomas D.D. (1915–1992) leitete viele Jahre die von ihm gegründete »Ärztliche Lebensmüdenbetreuung Berlin«. Seine Arbeit, die von ihm geleiteten Kurse sowie zahlreiche Bücher ließen ihn zu einer der international führenden Persönlichkeiten auf dem Gebiet des Autogenen Trainings und der Hypnose werden. So war er auch Präsident der »Europäischen Gesellschaft für Ärztliche Hypnose«.

Professor Dr. Dr. h. c. I. H. Schultz

Das Original-Übungsheft für das Autogene Training

- Anleitung vom Begründer der Selbstentspannung

bearbeitet von Dr. Dr. Klaus Thomas

TRIAS

Leserservice:

Wenn Sie Fragen oder Anregungen zu diesem Buch haben, schreiben Sie uns an:
TRIAS Verlag
Postfach 301107
D-70541 Stuttgart
oder schicken Sie eine E-Mail an
trias.lektorat@thieme.de

(Die Auflagen 1–21 erschienen unter dem Titel Übungsheft für das Autogene Training mit der ISBN 3-13-401521-8 im Georg Thieme Verlag innerhalb der Reihe »Thieme Ärztlicher Rat«)
23. Auflage 2000

Rüdigerstraße 14,
D-70469 Stuttgart
Printed in Germany
Satz: Fotosatz H. Buck, Kumhausen
Druck: Gutmann, Talheim

Die Deutsche Bibliothek –
CIP-Einheitsaufnahme
Ein Titelsatz für diese Publikation ist bei Der Deutschen Bibliothek erhältlich.

Umschlaggestaltung:
Cyclus · Visuelle Kommunikation, Stuttgart

Dieses Buch wurde in der neuen deutschen Rechtschreibung verfasst.

Gedruckt auf chlorfrei gebleichtem Papier

ISBN 3-89373-601-8 1 2 3 4 5 6

- **Vorwort zur Neuausgabe** 7
- **Zu diesem Buch** 9
- **Einführung** 12
- **Die Übungen** 19

Haltungen 19

Der Pendelversuch 21

Die eigene Konzentration 22

1. Übung: Die Schwere (Muskelentspannung) 25

2. Übung: Wärmeerlebnis (Gefäßentspannung) 31

3. Übung: Herzregulierung 36

4. Übung: Die Atemeinstellung 39

5. Übung: Regulierung der Bauchorgane (»Sonnengeflecht«) 41

6. Übung: Einstellung des Kopfgebietes 43

- **Verlauf und Anwendung** 47
  - Entspannung als Erholung 49
  - Entspannung als Ruhigstellung 50
  - Entspannung zur Intensitäts- und Leistungssteigerung 50

- Entspannung zum Selbstbeherrschen und Selbstbestimmen 51
- Entspannung als Hilfe für Werterlebnisse 52

Nachwort 54

Vorwort zur Neuausgabe

»Das Übungsheft ist nur als Hilfe beim ärztlich-kontrollierten Erlernen des Verfahrens verfasst« – mit diesen Worten begann I. H. Schultz das Übungsheft vor 65 Jahren.

Nun – wie im Leben, so ist auch bei Methoden die Veränderung das Konstante; aber gerade darin liegt die Kenntnis, das Wesentliche nicht zu verwischen. Das Autogene Training hat sich an manchen Stellen weiterentwickelt. Gerade im Bereich der Präventivmedizin und Gesundheitslehre wird das Autogene Training seit vielen Jahren in Volkshochschulen und ähnlichen Institutionen mit großem Erfolg vermittelt, und dies oft von AT-Trainern anderer Berufsgruppen.

Weiterhin gilt aber, dass es sich bei diesem »Basis-Psychotherapeutikum« nicht um eine indifferente Methode handelt und daher bei der Patientenbehandlung von ausgebildeten Ärzten, Psychologen und anderen qualifizierten Psychotherapeuten angewandt werden soll.

Die beste Vermittlung des Autogenen Trainings erfolgt immer auch weiterhin im direkten Erlernen bei einem Fachmann/einer Fachfrau, auch wenn in Einzelfällen positive Erfahrungen durch Selbststudium berichtet werden.

Warnen möchte ich vor Kassetten, CDs und ähnlichen Hilfsmitteln beim Vermitteln des AT, da gerade hierdurch »das Autogene« verloren geht!

Zu den Organübungen des Autogenen Trainings hat der Herausgeber der letzten Auflagen *K. Thomas* sich schon geäußert, besonders in Bezug auf die Herzübung. Meine Erfahrung der letzten 20 Jahre hat ergeben, dass es gerade bei der frühzeitigen Vermittlung der Herzübung immer wieder zu Komplikationen kommen kann. Das bewog mich dazu, diese erst gegen Ende der Organübungen zu vermitteln.*

Einige AT-Lehrer sehen in der organismischen Gesamtumschaltung, wie sie durch »Ruhe – Schwere – Wärme« bereits erreicht wird, und lediglich die Atemübung und die Leitsätze darauffolgend eine Alternative zu dem Ursprungskonzept von Schultz (siehe auch *D. Langen:* Autogenes Training für jeden).

So gibt es einige Varianten mit ihren Vorzügen aber auch Nachteilen.

Wichtig ist: **Das Autogene, die kurzen alltagsrealistischen Formeln** und **die weltanschauliche Neutralität!**

»The rest are details« (frei nach A. Einstein).

In diesem Sinne wünsche ich Ihnen viel Freude und Gewinn bei diesem mittlerweile schon als Klassiker zu bezeichnenden aber doch noch aktuellen Buch.

Main, im April 2000

Dr. med. Siegfried Stephan
1. stellvertretender Vorsitzender der
Deutschen Gesellschaft für ärztliche
Hypnose und Autogenes Training

---

* So haben auch erfahrene AT-Therapeuten und Buch-Autoren wie *K. Binder* (H. Binder/K. Binder: Autogenes Training – Basispsychotherapeutikum. Köln 1998) sowie *C. Derra* (C. Derra: Autogenes Training für zwischendurch. Stuttgart 1998) die Herzübungen weiter nach hinten in der zeitlichen Vermittlung gesetzt.

Zu diesem Buch

»Das Übungsheft ist nur als Hilfe beim ärztlich kontrollierten Erlernen des Verfahrens verfasst.«

Diese Worte stellte *I. H. Schultz* an den Anfang dieses Übungsheftes. Dann warnte er eindringlich vor jedem »Selbstprobieren« und empfahl allen auch nur angedeutet labilen Persönlichkeiten eine ärztliche Voruntersuchung.

Die Grundstufe des Autogenen Trainings wird mit Recht auch an »Gesunde« zur besseren Konzentration, zur Entspannung und zur Leistungssteigerung herangetragen, nicht zuletzt aber im Rahmen einer »Vorsorgemedizin«. Schon Schwere- und Wärmeerlebnisse, d. h. die Grundübungen des Autogenen Trainings, bilden nicht nur eine der einfachsten und am weitesten verbreiteten Methoden der Psychotherapie, also der Seelen-Heilkunde, sondern sie erhöhen Widerstandskraft und Immunabwehr des Organismus gegen viele Erkrankungen beträchtlich. So gehört das Autogene Training zu den wichtigsten Maßnahmen der Vorsorgemedizin.

Doch auch alle weiteren Übungen, vor allem die Herzübung, enthalten neben Vorteilen auch Gefahren: Störende abnorme Reaktionen können den Übungsverlauf so ungünstig beeinflussen, dass mancher Übende von dem Fortsetzen des Autogenen Trainings abgeschreckt werden. Ein Beachten der Ratschläge dieses Übungsheftes und/oder ein beratendes Gespräch mit dem ärztlichen Übungsleiter verhüten oder beseitigen solche Störungen.

Wie jeder Mensch seine Handschrift, so hat jeder Mensch »sein« Autogenes Training; der Hinweis auf geistige »Schau« beim Üben darf nicht dahin missverstanden werden, dass nun, dem natürlichen Wesen des Übenden widersprechend, eine »Schau« erzwungen und damit das Grundprinzip der gesamten Arbeit, das »Sich-führen-Lassen« durch sorgsame, vorurteilslose Innenhingabe, aufgehoben wird. Überwiegend akustisch oder akustisch-motorisch konstituierte Menschen haben z. B. einen längeren Weg zur inneren optischen Bilderwelt als Durchschnittliche oder gar »Visuelle«.

Als Bearbeiter dieser Auflage blicke ich dankbar zurück auf 30 Jahre einer ungetrübt harmonischen Zusammenarbeit mit meinem väterlichen Freund und Lehrer *I. H. Schultz.* Er hat selbst durch sein gleichbleibend gütiges, gelassenes und humorvolles Wesen ein Vorbild für die Wirkungen des Autogenen Trainings gegeben.

In dieser Zeit konnte ich an rund 20 seiner Kurse teilnehmen, die ich dabei von selbst auswendig lernte. Aus dieser Kenntnis und aus seinen praktischen Hinweisen zum Üben ist einiges in dieses »Übungsheft« eingegangen. Unverändert habe ich diese Kurse – bisher rund 4000 mit insgesamt 100 000 Teilnehmern – fortgeführt und die Ergebnisse durch Fragebogen festgehalten.

Über 40 Jahre hindurch konnten dabei die Erfahrungen von *I. H. Schultz* nur bestätigt werden, auch im Blick auf sein Anliegen, das er bei allen mündlichen und schriftlichen Äußerungen über das Training hervorhob: »Nur Ärzte dürfen es weitergeben!«

Heute ist das nicht mehr üblich; doch eine Vielzahl von Schäden haben wir bei nichtärztlichem Weitergeben des Trainings protokolliert: Neben Kopfschmerzen und Zuständen der Benommenheit stehen an erster Stelle bleibende Schwere der Gliedmaßen und/oder vermehrte Krampfaderbeschwerden sowie Schwindelerscheinungen, meist durch zu niedrigen Blutdruck. Ein Arzt kann diese Störungen zuverlässig vermeiden helfen und sie abgrenzen von Beschwerden ernsterer wirklicher Krankheiten, die etwa zufällig zur Zeit des Erlernens des Trainings ausbrechen.

Als Bearbeiter dieses Buches weiß ich mich nicht nur den Zielen von *I. H. Schultz* uneingeschränkt verpflichtet, sondern ich halte auch seine Originalmethode für bisher unübertroffen. Die zahllosen Änderungen, Abstriche oder Zusätze, die viele Autoren schon vor und besonders seit dem Tode von *I. H. Schultz* vorgeschlagen haben, konnten sich nicht bewähren.

Doch stimmte *I. H. Schultz* schon zu seinen Lebzeiten ausdrücklich einigen wenigen Ausnahmen zu: *Müller-Hegemann* schlug vor, nach der sechsten Übung, der Stirnkühle, noch ausdrücklich hinzuzufügen: »Unterkiefer und Zunge sind ganz schwer.«

Prof. G. *Faifull-Smith* in Glasgow (†) empfahl (kurz nach dem Tode von *I. H. Schultz),* die Atemübung mit der Formel abzuschließen: »Jeder Atemzug vertieft die Ruhe.« Dieser Zusatz fördert den Übungsablauf so wesentlich, dass wir ihn auch in dieses Übungsheft aufgenommen haben.

Auch andere Forschungen, z.B. von Prof. *H. Prokop* (Innsbruck), von *J. Garcia* (Lingen) (»Autogenes Training und Biokybernetik«, Stuttgart 1984) oder von Dr. *A. Pszywyj* (Graz) waren zu berücksichtigen, um auch das Übungsheft auf dem neuesten Stand der ständig fortschreitenden wissenschaftlichen Forschung zu halten.

Ich wünsche mir wie der Autor von ganzem Herzen, dass die kleine Schrift, richtig angewendet, weiter ihre Aufgabe erfüllt.

Klaus Thomas

Einführung

Autogenes Training bedeutet aus dem »Selbst« (griechisch = autos) entstehendes (griechisch = genos) »Üben«. Das ist die Zielvorstellung, mit der jeder Übende an das Verfahren herantreten sollte, auch wenn der Weg dorthin von außen kommende Elemente enthält. Nichts kommt bei solchen Methoden von Anfang an nur aus dem Selbst. Das gilt auch bei anderen aktiv-autosuggestiven oder aktiv-selbsthypnotischen Verfahren, sondern immer löst erst ein äußerer Anstoß einen inneren Vorgang aus, der damit wirklich aus dem Eigenen erwächst, d.h. also im wahrsten Sinne »autogen« wird.

Mit anderen Worten heißt das: Jede von außen kommende Suggestion (Heterosuggestion) wird durch eine in sich selbst entstehende Suggestion, d.h. also »Autosuggestion«, verwirklicht.

Umgekehrt – und das ist für uns hier noch wichtiger –, eine von innen kommende Reaktion bedarf so gut wie immer eines von außen kommenden Anreizes. Das kann als Gesetz aufgestellt werden, wodurch sich die Grenze eines von außen »Heteros« und ein nur aus dem Innen heraus entstehendes »Autos« relativiert. Das Wesentliche ist so gesehen eigentlich eine Gewichtsverteilung.

Auf der einen Seite stehen Verfahren wie die reine Suggestion oder Hypnose, bei der die Übungspersonen oder Patienten nur eine relativ passive Rolle spielen. Das widerspricht nicht ihrer eigenen Leistung, Mitwirkung und Einwilligung. Auf der anderen Seite stehen Verfahren, die nur durch sparsame Außenreize die eigenen Reaktionen des Übenden anregen wollen, damit er dann, weitgehend von den Außenanregungen abgelöst, selbst üben kann. In dieser Endausprägung entspricht das dann dem »Autogenen«.

So wird dann durch geistige Schulung jeder Art das gesamte Verhalten des Organismus beeinflusst. »Die Seele wirkt auf den Körper.« Ein Mensch kann seine verkrümmte Wirbelsäule durch ausdauerndes Üben gerade richten. Ein Mensch, der es durch Üben lernt, seine Stimmorgane entspannt und geordnet arbeiten zu lassen, bekommt eine »Singstimme«. Ein Mensch, dessen innere Unruhe des »Leibes und der Seele« sich als Herzklopfen äußert, kann die Symptome bessern. Durch dieselben Mittel kann ein Kranker mit Bronchialasthma, d. h. einer krampfhaften Verspannung der Atemorgane, sein Leiden erleichtern. Solche ärztliche Heilbehandlung nennt man **Psychotherapie**. Das Autogene Training ist eine ihrer Methoden.

Entstanden ist das Autogene Training aus alten und sicheren ärztlichen Erfahrungen der Hypnose* (Teilschlaf). Hypnose ist ein schlafähnlicher Ruhezustand, der bei Gesunden immer, bei Nervösen etwas schwieriger durch rein seelische Beeinflussung hergestellt werden kann und Ruhe sowie Erholung mit sich bringt. Bei Geisteskranken gelingt die Hypnotisierung nur ganz ausnahmsweise. In tieferer Hypnose entwickelt sich ein traumhafter, nachtwandlerischer Zustand (»Somnambulhypnose« genannt). Hypnosen leichteren und mittleren Grades stellen behagliche Ruhezustände dar, in denen die Außenwelt wenig beachtet wird, ja oft verschwindet. Wie beim Nachttraum kann ferner in diesen Zuständen die Kritik teilweise verringert werden. Daher werden Erlebnisse in der Hypnose besonders »wirksam«. Wird dem Hypnotisierten z. B. gesagt: »Sie stehen in der heißen Sonne«, so rötet sich das Gesicht, und er beginnt oft zu schwitzen. Ja, es gelingt bei Beeinflussbaren, das Erleben so zu steigern, dass die »Ein-Bildung« zu einer Hautverbrennung, zu einer richtigen Brandblase führen kann.

---

* Frau Prof. *Erika Fromm* (Kalifornien) fasst die Erkenntnis und ihre eigenen Forschungen in dem kurzen Satz zusammen: »Selbsthypnose lernen wir am besten durch Fremdhypnose.« (Der Bearbeiter)

Therese Neumann, Konnersreuth, zum Beispiel zeigte Hautveränderungen aufgrund einer außergewöhnlich intensiven »Ein-Bildung«. Befehle in der Hypnose werden später oft ausgeführt, auch wenn keine »bewusste« Erinnerung an die Vorgänge in der Hypnose besteht (posthypnotische Suggestion). Die Steigerung des Erlebens in der Hypnose erhöht bis zu gewissen Graden die Erinnerung an früher Erlebtes und Gelerntes, doch müssen Angaben Hypnotisierter genau überprüft werden; denn auch ihre Neigung zum Erfinden und Phantasieren (»Confabulieren«) steigt in gleichem Maße. Der menschlichen Phantasie sind keine Grenzen gesetzt.

Die reine Hypnose (»Leerhypnose« nach Polzien) ohne zusätzliche gezielte Beeinflussung von außen ist ein wohltuender, erholender und beruhigender Zustand innerer Sammlung. Deshalb sprechen spanische Hypnoseärzte auch lieber statt von Hypnose von »Sophrosyne«. Die Abkehr von äußeren Eindrücken kann so gesteigert werden, dass von Ärzten Geburtshilfe und Operationen völlig schmerzlos in reiner Hypnose ausgeführt wurden.*

Wie bei allen ähnlichen Erscheinungen darf man den Menschen auch bei der Hypnose nicht in zwei Teile, in Leib und Seele, zerlegen. Hypnose bedeutet vielmehr wie Nachtschlaf, Ermüdung, Sprechen usw. eine Tätigkeit oder eine Einstellung des ganzen lebendigen Menschen. Psychologische Experimentaluntersuchungen zeigten dies schon 1920–1924 in Jena besonders klar. Der Mensch fühlt in ruhiger Hypnose auch eine deutliche Verän-

* Näheres über diese Fragen ist aus einzelnen Büchern des Autors zu ersehen, wie *I. H. Schultz: Seelische Krankenbehandlung* (8. Aufl., Fischer, Stuttgart 1963) und *Hypnosetechnik für Ärzte* (5. Aufl., Fischer, Stuttgart 1976). Oder *D. Langen: Kompendium der medizinischen Hypnose* (3. Aufl., Karger, Basel 1972); *Stokvis, B., E. Wiesenhütter: Der Mensch in der Entspannung* (4. Aufl., Hippokrates, Stuttgart 1979); bzw. besonders allgemeinverständlich und gleichzeitig die größeren Zusammenhänge aufzeigend: *F. A. Völgyesi: Die Seele ist alles* (2. Aufl., Orell Füssli, Zürich 1967).

derung des Leibes: Er bemerkt dabei ein kennzeichnendes, eigenartiges Gefühl von **Ruhe, Schwere** und **Wärme**. Schweregefühl entsteht, wenn die Muskeln sich entspannen, die sonst den Körper durch ihre Spannung halten, Wärmegefühl, wenn die Blutgefäße sich erweitern und mehr Blut durchlassen. Das Wesentliche an der **Umschaltung** in Hypnose ist also wie beim ruhebringenden Nachtschlaf eine **Entspannung** des Organismus, besonders der **Muskeln** und **Blutgefäße**, durch entsprechende Schulung der **Konzentration**. Das Autogene Training gibt als konzentrative **Selbstversenkung** die Möglichkeit, ohne Beeinflussung durch einen anderen den wohltätigen schlafähnlichen Zustand zu erreichen, sich selbstständig die Kräfte der Innenwelt in den gegebenen Grenzen fruchtbar zu machen (Selbsthypnose).

Alles Üben, man denke nur an Sport, Gymnastik usw., hat zwei Grundrichtungen:

1. Lebenssteigerung,
2. Fehlerbeseitigung.

Das gleiche gilt für das Autogene Training. Es kann zur Steigerung von gesunden Fähigkeiten, von Leistung, Selbstbeherrschung, Erholung usw. oder zum Vermindern, gegebenenfalls zum Beseitigen von ungesunden Störungen oder Krankheitserscheinungen dienen, ebenso wie die äußere Bewegungsgymnastik Lebensertüchtigung des Gesunden (Körperbildung) und Umstellung des Kranken (Heilgymnastik) erstrebt.

- **Entspannung** ist im Autogenen Training Mittel und Weg zur »Versenkungsruhe« und damit Wert an sich. Alles gesunde Leben erstreckt sich zwischen den Polen Spannung und Entspannung. Das gesunde Tier ohne Tätigkeit schläft, der Mensch von heute braucht ein Höchstmaß von spannender Leistung und spannender Selbstbeherrschung. Daher »verkrampft« er sich u. U. leicht, so dass körperliche Vorgänge wie Atmung, Verdauung und dergleichen durch Spannungen erschwert werden können, vom Lebensgefühl und vom höheren Seelenleben ganz zu schweigen. Das Autogene Training verlangt zwar unbedingten und ausdauernden Einsatz der inneren Sammlung (Konzentration). Es benutzt aber nicht den bewussten, mit aktiver Spannung arbeitenden Willen, sondern eine innere **Hingabe an bestimmte Übungs-Vorstellungen**.

Wir können abends nur einschlafen, wenn wir uns dem Schlafe »hingeben« und nicht mit Gewalt schlafen »wollen«; dadurch würden wir gerade wach bleiben. Der Gegensatz zwischen bewusstem, aktiv spannendem Beiseiteziehen der Lippen zum Zähneputzen und dem unkontrollierten, daher oft peinlichen, »von selbst« geschehenden, unmittelbaren Lachen aus innerem Erleben zeigt im Alltag die beiden grundlegend verschiedenen Verläufe »bewusst-aktiver« und »passiv-hingebender« Konzentration.

Die einzelnen Übungen des Autogenen Trainings sind so aneinandergereiht, dass sie mit dem Einfachsten und Unscheinbarsten beginnen. Mit zunehmendem Üben und in dem Zusammenbau verschiedener Übungsteile erreicht der Lernende einen Zustand, als läge er in einem behaglich warmen Bade mit angenehm kühlem Kopf. So wird er sich solchen Empfindungen passiv gelöst überlassen und durch ein solches entspannendes Bad ebenso eingeschläfert werden – so soll er sich den einzelnen Übungen »hingeben«.

Die konzentrative Selbstversenkung des Autogenen Trainings hat also den Sinn, sich mit genau vorgeschriebenen Übungen immer mehr innerlich zu lösen, zu versenken und so für den gesamten Organismus eine von innen kommende Umschaltung zu erreichen, die es erlaubt, gesunde Vollzüge zu stärken, ungesunde zu mindern oder abzustellen. Wie der Mensch, der Lesen gelernt hat, nun lebenslänglich lesen »muss«, wenn er Schriftzeichen sieht, so kann dem autogen Trainierten eine entspanntgelassene Haltung zur zweiten Natur werden. Wir sprechen von einem »erworbenen Vollzugszwang im normalen Seelenleben«.

Was kann dabei grundsätzlich erreicht werden? Alles, was Entspannung und Versenkung leisten können, wie es schon die wissenschaftlich-ärztliche Hypnose bewies, also: **Vertiefte Erholung** in kurzer Zeit.

- **Selbstruhigstellung.** Das aber geschieht nicht durch krampfhaftes »Zusammennehmen«, sondern durch innere Lösung. Ärger, Heftigkeit, viele Ängste und andere störende Gemütsbewegungen sind nur deshalb so mächtig, weil sie den ganzen Organismus erschüttern. Der bekannte Arzt *Heyer* formulierte es besonders plastisch, wenn er sagte: »Wer es gelernt hat, im Autogenen Training ›sich-zu-lassen‹, wird durch regelmäßiges Trainieren ›gelassen‹.«

1. Vorversuch

Man zittere absichtlich so schnell wie möglich mit einer Hand und betaste mit der anderen Hand den Unterarm nahe am Ellenbogen, wo die meisten Muskeln ansetzen: Der Arm fühlt sich steinhart an. Danach lasse man die Hand lose hängen; jetzt ist kein Zittern möglich. Der Arm ist weich, weil seine Muskeln entspannt sind.

Angstgefühle gehen mit Zittern einher. Zittern, wie die Härte der Arme zeigt, bedeutet Spannung. Wer sich also entspannt, vermindert seine Angst. Auch das Wort »Angst« (= Enge) weist auf Verkrampfung hin. Beherrscht ein Mensch die konzentrative Selbstentspannung, kann er im Augenblick der Angst sich selbst innerlich lösen. Der überwältigende Sturm im Organismus durch das Angstgefühl wandelt sich in einen blassen Angstgedanken, der sich überwinden lässt. So kann sich der Mensch selbst ruhig stellen durch eine »Resonanzdämpfung der Affekte« (der Gemütsbewegungen). Im gleichen Sinne ist das Autogene Taining der natürliche Weg zum Schlaf.

- **Selbstregulierung** sonst »unwillkürlicher« Körperfunktionen wie z. B. des Blutkreislaufs.

(Erst kürzlich konnte *Pszywyj* zeigen: Im Autogenen Training sinkt nicht nur der zu hohe Blutdruck, sondern der zu niedrige lässt sich auch steigern, z. B. mit der Zusatzformel: »Der Kreislauf ist kräftig, stabil.« Der Bearbeiter)

- **Leistungssteigerung** z. B. des Gedächtnisses dadurch, dass der Übende lernt, 3-mal täglich für eine befristete Zeit seine Gedanken zu sammeln und wohl auch, weil er sich in gefühlsmäßig belastenden Situationen (z. B. Examen) besser selbst ruhig stellen kann. Vermindert wahrgenommen, nehmen sonst störende Außenreize ab, Konzentration und Erinnerungsfähigkeit wachsen. Auch die körperliche Leistungsfähigkeit, z. B. im Sport, nimmt beträchtlich zu durch das vermehrte Durchbluten der benötigten Muskeln, durch das Entspannen der Gegenspielermuskeln (Antagonisten), durch das konzentrierte Einüben und Ablaufen aller Bewegungen, durch die feste Siegesgewissheit u. a. m.

- **Verringerte Schmerzwahrnehmung** durch einen Zerfall des Schmerzerlebnisses. Dadurch verändert sich der Schmerz so, dass er nicht oder nur sehr abgeschwächt als Leid oder »Weh« erfahren wird. Schmerzäußerungen werden aber nicht gewaltsam unterdrückt.

- **Selbstbestimmung** durch formelhafte Vorsätze, die in der Versenkung eingebaut werden und wie die erwähnten posthypnotischen Suggestionen automatisch wirken.

- **Selbstkritik und Selbstkontrolle** durch »Innenschau« in der Versenkung.

Die Übungen

Haltungen

Für die Übungen können folgende Haltungen eingenommen werden:

- Am besten gelingt das Training zunächst in der **Liegehaltung**, bei der in bequemer Rückenlage mit unterstütztem Nacken geübt wird. Die Arme liegen mit leicht gebeugten Ellenbogen neben dem Leib, die Handflächen nach unten. Die Fußspitzen sollen locker nach außen fallen.

- Die **Lehnsesselhaltung** kann in einem Lehnstuhl oder in einem Liegesessel mit hoher, eventuell verstellbarer Lehne durchgeführt werden, an der sich der Kopf stützen kann, mit weichen Seitenlehnen, auf denen die Unterarme zwanglos sicher ruhen. Aber auch jeder andere einigermaßen bequeme Stuhl erfüllt den Dienst. Nur kann man hier den Kopf nicht anlehnen, sondern lässt ihn wie bei der sogleich noch zu beschreibenden **Droschkenkutscherhaltung** nach vorn fallen.

- Fehlen Gelegenheiten zu bequemen Sitzen oder Liegen, so kann auch eine dritte Haltung für die Übung benutzt werden: Man setzt sich gerade auf eine Bank, einen Hocker ohne Lehne oder vorne auf einen Stuhl, so dass die Lehne vom Rücken entfernt ist. Nun lässt man sich im Sitzen senkrecht in sich selbst zusammensacken, wobei die Arme seitlich herunterhängen und der Kopf senkrecht über dem Gesäß bleibt, nie aber nach vorn über die Oberschenkel sinkt. Nur die Lendenwirbelsäule wird gebeugt (nie der Rücken, sonst würden sich die Rückenmuskeln anspannen), so dass die Schultern senkrecht über den Beckenknochen (»Spina iliaca«) bleiben. Der Kopf hängt etwas nach vorn herunter. Dabei darf aber keine Fallneigung nach vorn ein-

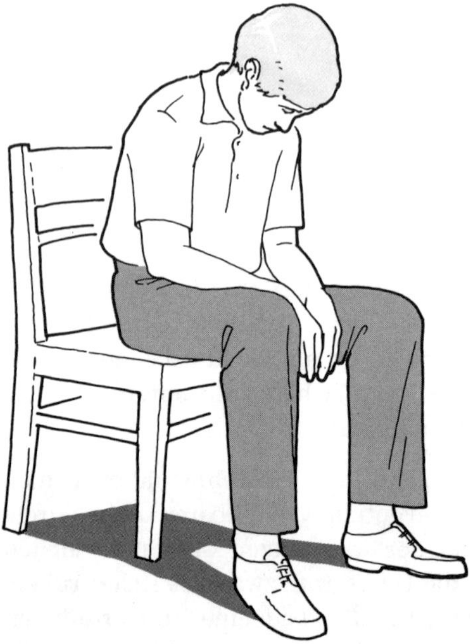

treten, sondern der Rumpf muss senkrecht in sich zusammensinken. Wer jede Muskelspannung fortlässt, wird vom Skelett (Knochengerüst), besonders von der Wirbelsäule, Ihren Gelenken und Bändern, aufgefangen. Er hängt in seinem Knochen-Gelenk-Apparat ohne jede Muskelleistung. Nun werden die Arme lose schwingend bewegt und auf die gespreizten Oberschenkel so aufgelegt, dass der Unterarm nahe den Ellbogen vom Oberschenkel unterstützt wird. Die Arme sind dann wieder in der beschriebenen Weise gebeugt. Der Körper hängt ohne jede Muskelarbeit in seinen Knochen. Die Fersen stehen senkrecht unter den Knien; so wird auch die Schwere in den Beinen deutlich erlebt. Das ist die Droschkenkutscherhaltung. Diese Haltung muss vor dem Üben noch bei jedem Teilnehmer einzeln ärztlich kontrolliert werden. Die Übenden sollen nicht nur im Liegen trainieren, sondern mindestens einmal täglich auch im Sitzen;

denn auch im täglichen Leben finden wir überall einen Ort, wo wir sitzen können, nicht aber überall eine Liegestatt.

Ein eindeutiger Zusammenhang hat sich ergeben: Je genauer anfangs die Droschkenkutscherhaltung beachtet wird, um so zuverlässiger wird das Training gelernt. Später, d.h. etwa nach 5 Wochen, gelingt das Üben in fast jeder Sitzhaltung, ja nach einigen Monaten sogar notfalls im Stehen.

Darum sei vor den beiden häufigsten Fehlern bei der Droschkenkutscherhaltung gewarnt: Scheinbar bequemer wirkt das Anlehnen an die Stuhllehne; doch dabei spannen sich reflektorisch die Bauchmuskeln an. Ebenso scheint anfangs das Aufstützen der Unterarme auf die Oberschenkel das Entspannen zu fördern; doch unbemerkt spannen sich dabei die Rückenmuskeln an, und das Hauptziel wird nicht erreicht: das völlig lockere und automatische Balancieren der Wirbelsäule ohne jede Muskelkraft.

Nach Monaten des Übens ist die Körperhaltung völlig belanglos und die Leistungen lassen sich »abrufen«.

Der Pendelversuch

2. Vorversuch

Wenn man beide Ellenbogen auf einen Tisch stützt und zwischen die Fingerspitzen einen etwa 30 cm langen Faden nimmt, an dem unten ein schwerer Gegenstand, z.B. ein Ring hängt, so führt dieses »Pendel« jede Bewegung aus, auf die man sich geistig einstellt, ohne dass man diese Bewegung wahrnimmt. Wer eine Uhr unter den Ring legt und die Richtung 5–12 betrachtet, der sieht das Pendel scheinbar »von selbst« in der gedachten Richtung schwingen. Wer zum Vergleich dieselbe Bewegung absichtlich durchführt, hat ein ganz anderes Gefühl: Er weiß, dass er »tätig« ist, »sich anspannt«.

Ein fester Gedanke, eine »Sammlung« oder »Konzentration« bewirken demnach eine erkennbare, aber **unmerkliche** oder **unwillkürliche** Bewegung. Das gelingt jedem normalen Menschen. Nicht die »Seele denkt« und der »Körper bleibt ruhig«, sondern der ganze Mensch »erlebt« nach der Konzentration eine Richtung und damit die deutliche Bewegung des Pendels.

Der einfache kleine Versuch zeigt auch den Weg für die Übungen. Wenn z. B. die Muskeln eines Armes durch Konzentration entspannt werden sollen, muss nur der Zustand der Entspannung innerlich gesammelt erlebt werden. Die Lösung der Muskelspannung zeigt sich als Schweregefühl. Im Autogenen Training konzentrieren wir uns zunächst: **Der rechte Arm ist schwer.** Wie die Bewegung im Pendel, tritt nun beim Normalen das Schweregefühl, die Muskelentspannung, ein, wie der Übungsleiter es auch beobachten kann.

Die eigene Konzentration

Solche Übungen sind nur möglich und wirksam, wenn der Übende sich ganz »auf sich selbst«, »nach innen« wendet. Daher verringert jedes Mitsprechen beim Üben das Ziel des »autogenen Grundprinzips«. Wenn ein Arzt während des Übens ungebührlich viel oder ausschmückend vorspricht bzw. gar eine Platte oder ein Tonband laufen lässt, wie dies in letzter Zeit bedauerlicherweise oft geschieht, kann der Übende nicht mehr im eigentlichen Sinne in sich selbst üben, sondern unterliegt einer leichten Hypnose alten Stils (Heterohypnose).

Autogenes Training erfordert daher völliges Stillschweigen* des Übenden, der durch ein Mitsprechen nur seine Stimmband- und

* Nur ein knappes begleitendes Vorsprechen erleichtert das Lernen, das sich ganz an die Konzentration des Übenden anpasst, ohne sie auszuschmücken.

Mundmuskeln anspannen würde. Der Übende konzentriert sich zum Anfang auf den Satz: – »**Ich bin ganz ruhig**« und dann – »**Der rechte Arm ist schwer**«.

Die Ruheformel kann auch später nach Bedarf wiederholt werden, auch mit dem Wortlaut: »Die Ruhe wird immer tiefer« oder »Ich bin in Ruhe«. Nach der Ausbreitung des Schwereerlebnisses kann die Konzentration zusammengefasst werden zu »Ruhe – Schwere«. Monotone Verhaltensweisen können gut an den Übenden herangetragen werden, gleichgültig ob er sich dem kurzen, sparsamen, begleitenden Vorsprechen hingibt oder selbsttätig die Übung trainiert.

Jeder soll **seine Form** von Autogenem Training lernen, ohne deshalb das Grundprinzip der Übung zu verlassen.

Nach diesem Prinzip wird im Autogenen Training konzentrative Entspannung in sechs Gebieten oder Schritten erarbeitet:

1. Muskeln,
2. Blutgefäße,
3. Herz,
4. Atmung,
5. Leiborgane,
6. Kopf.

Von vornherein mit dem ganzen Organismus zu üben, wäre falsch, weil sich dann die Konzentration auf ein zu weites Feld richten müsste. Daher soll die Übungsarbeit mit einem, meist dem rechten Arm beginnen.

Zur Übung ist ein ruhiges, kühles, leicht abgedunkeltes Zimmer erwünscht. Die Ellenbogen der gut unterstützten Arme sollen leicht gebeugt sein. Ein Drittel der Übenden verfügt – konstitutionell bedingt – nur über relativ kurze Arme bei längerem Oberkörper. Dann bietet ein Kissen oder eine zusammengerollte Decke die notwendige unterstützende Unterlage. Die gesamte Haltung ist durchaus bequem, da sonst aus mechanischen Gründen Spannungen einsetzen, die das Üben unmöglich machen.

Auch wenn nur ein Arm geübt und dort das Schweregefühl erlebt wird, breitet sich die Wirkung meist ganz spontan, ohne äußeres Zutun, auf den anderen Arm aus, d. h. ohne zusätzliche Konzentration und damit erneut im besten Sinne des Wortes »autogen«. Jede Übung sollte so lange an einem Arm durchgeführt werden, bis sie sich von selbst auf den anderen Arm und dann auf die übrigen Gliedmaßen ausbreitet, d. h. generalisiert. Wer im Beginn der Übung bald mit diesem, bald mit jenem Arm übt oder absichtlich »willkürlich« die Konzentrationen wechselt, bekommt nie gute Ergebnisse, Geläufigkeit und damit Erfolg.

1. Übung: Die Schwere (Muskelentspannung)

Konzentrative Entspannung könnte von den verschiedenen Körpergebieten und Körperfunktionen ausgehen, z. B. auch von der Atmung. (Über die Veränderung des Atemvorgangs steigen alle asiatischen Meditationen in die psychophysische Gesamtumschaltung ein.) **Das Autogene Training aber nimmt seinen Ausgang von den Bewegungsmuskeln,** weil sie dem abendländischen Menschen am vertrautesten und seiner Selbstverfügung am meisten unterstellt sind. Außerdem zeigen die Erfahrungen in der Hypnose, dass gerade die **Muskelentspannung** sich besonders schnell und deutlich zeigt. Sie wird als **Gliederschwere** empfunden und ist jedem Menschen vom abendlichen Einschlafen bekannt, wenn sich die »Glieder lösen«, wie der Grieche sagt. Jede Zuwendung zum Leben und nach außen ist mit Muskelspannung verbunden. Das Blicken, Sprechen, Greifen beruht auf Muskelbewegungen. Lebhafte Erwartung wird deswegen mit Recht als Spannung bezeichnet, weil bei ihr alle Muskeln »angespannt« sind. Auch scharfes Nachdenken ist vielen Menschen anzusehen, weil sie dabei die Stirn in Falten legen. Jedes Wollen, ja schon das lebhafte Denken an eine Bewegung gibt Spannung in die Bewegungsmuskeln. Deshalb fühlen wir uns in »aufrechter Haltung« anders als in schlaffer, niedergedrückter.

Wenn also die oben beschriebene Ausgangshaltung entweder im Sitzen oder im Liegen eingenommen ist und vom Übungsleiter kontrolliert wurde, sollte sich nach Augenschluss der Übende möglichst geistig lebendig – nach der Konzentration »ich bin ganz ruhig« (s. o.) – auf die Schwere einstellen, ohne sich irgendwie zu bewegen, ohne zu sprechen oder sonst etwas zu »tun«. Die jedem Übenden einfallenden Gedanken, Vorstellungen, Erinnerungen usw. sollten nicht abgewehrt werden, da dies doch gerade eine Verkrampfung bedeuten kann. Die Übungsformeln sollen vielmehr wie ein Tonband geistig monoton abrollen. Die häufigen anderen Einfälle, Vorstellungen usw. bleiben dabei ungeachtet. Sie pflegen nach wenigen Tagen zu schwinden. Speichelfluss, Hustenreiz, Lidflattern u. a. m. »sind ganz gleichgültig«.

1. **Ich bin ganz ruhig** (Zielrichtung der ganzen Arbeit ursprünglich abwechselnd mit der Schwerekonzentration; später nach Bedarf nochmals wiederholen).
2. **Der rechte Arm ist schwer** (1. Übungsformel), etwa 3-mal konzentrieren.
3. **Der linke Arm ist schwer** (etwa 3-mal).
4. **Beide Arme sind ganz schwer** (etwa 3-mal).
5. **Die Beine sind ganz schwer** (etwa 3-mal).
6. **Alle Glieder sind schwer** (etwa 3-mal).

Bei Normalen zeigt sich bald eine deutliche Schwereempfindung, am häufigsten in der Ellenbogen- oder Unterarmgegend, am Anfang eines Kursus bei 65 % der erstmals Übenden, am Ende bei 98 %.

Zurücknehmen

Nach 4 Minuten erfolgt das Zurücknehmen, das nun in genau der gleichen Weise geübt werden muss. Damit der ganze Vorgang mehr und mehr völlig automatisch abläuft, steht das Erlernen der Umschaltung des Organismus im Mittelpunkt der gesamten autogenen Arbeit. Das »Zurücknehmen«, das ja beim Autogenen Training der Desuggestion entspricht, soll in folgender und gleichbleibender Weise geschehen:

1. Der Übende beugt und streckt beide Arme mit geballten Fäusten ein paarmal mit energischem Ruck.
2. Er atmet tief ein und aus.
3. Er öffnet die Augen.

Als kurzes Formelkommando:

1. **Arme fest!**
2. **Tief atmen!**
3. **Augen auf!**

Die Beinschwere bedarf, auch wenn sie sich im Zuge der Ausbreitung zeigt, in der Regel keines besonderen Zurücknehmens, da sich die Beine automatisch wieder spannen. Bleibt ein Schweregefühl in den Beinen zurück, dann helfen einige Kniebeugen, mehrmaliges Wippen auf den Zehenspitzen oder das »ausführlichere Zurücknehmen« (s. S. 26). Dafür aber kann es bei fortgeschrittenem Übungsstand sinnvoll sein, das Zurücknehmen nicht durch einen energischen Ruck der Arme zu beenden, sondern durch ein kräftiges Ballen beider Hände zu Fäusten und – von manchen als allmählicherer Übergang bevorzugt – ein »Räkeln«. Das tiefe Atmen und das Augenöffnen aber bleiben gleich. Wer beim Üben in seinem Zimmer überrascht wird, kann »räkelnd« unauffällig und unbemerkt »zurücknehmen« und Eintretenden vollwach begegnen.

Nur wer genau, sorgfältig und ausdauernd die Entspannung übt und genau zurücknimmt, kann zuverlässig fortschreiten. Man stelle sich vor, einem Kinde würde jeden Tag eine andere Sprache vorgesprochen: Es würde nie eine Sprache beherrschen lernen.

Das Autogene Training aber trägt seine Früchte nur für die, die seine Methode beherrschen.

Ebenso wie mit dem Gang der Übung muss der autogen Trainierende mit der **Übungszeit** sorgfältig umgehen.

Während des Lernens, also durchschnittlich während der ersten 6 Wochen des Übens, soll die Zeitdauer (ohne ängstliche Uhrkontrolle) *4 Minuten* betragen.*

---

* Unklarheit ist entstanden, da *I. H. Schultz* in seinen Büchern, auch in diesem Übungsheft, nachdrücklich betonte: »Keinesfalls länger als eine halbe bis höchstens eine Minute lang üben!« In jedem seiner Kurse aber sagte er wörtlich:
»Sehen Sie, jeder kann sich doch in einer Buchhandlung meine Bücher über Autogenes Training kaufen. Dann fangen die Leute an, ohne ärztliche

Wird im Anfang die einzelne Übung verlängert, treten bei den meisten Übenden Spannungen auf, weil sie es zu »gut« machen wollen. Der Übende merkt dann, dass die Armschwere schwindet, statt mit fortschreitendem Üben intensiver zu werden.

Wer sich im Anfang schon etwa 10 Minuten zum Üben Zeit lässt, der pflegt auch nach Monaten noch 10 Minuten bis zum Erleben der Schwere zu brauchen und bekommt das Training nicht als einen Schaltvorgang mit Einstellen und Zurücknehmen kurzfristig in den Griff.

Etwa 250-mal unter 100 000 Übenden wurde über schwere Beine nach dem Üben geklagt. In solchem Fall ist das »ausführliche Zurücknehmen« erforderlich, wie dies mit dem Zählen von sechs bis eins für die Oberstufe angegeben ist (6. Aufl., S. 66/67):**

Ich zähle von sechs bis eins; wenn ich »eins‹« sage, fühle ich mich ganz wach und wohl und frisch und frei; alle Glieder gehorchen dem Willen, und alle Sinne nehmen die Wirklichkeit richtig wahr:

sechs – die Beine sind leicht;
fünf – die Arme sind leicht;
vier und drei – Atmung und Herz sind ganz normal;
zwei – die Stirn hat die normale Temperatur und
eins – Arme fest, tief Luft holen, Augen auf!

Anleitung zu üben, und dann erleben sie Kopfschmerzen und andere, auch ernste gesundheitliche Schäden. Das kann ich nicht verantworten. Darum schreibe ich immer: ›Nicht länger als eine Minute üben!‹ Dann lernen es die Leute nämlich nicht, und dann können sie auch keinen Schaden davontragen. Hier aber sind Sie in einem ärztlich geleiteten Kursus, und da sage ich Ihnen: ›Üben Sie jedesmal vier Minuten!‹«

** *Thomas, K.:* Praxis des Autogenen Trainings (Selbsthypnose nach *I. H. Schultz*), Thieme, Stuttgart 1989.

Sollte auch dieses »ausführlichere Zurücknehmen« nicht ausreichen, so sind zusätzliche 6–10 Kniebeugen zu empfehlen sowie ein Wippen des Körpers auf den Zehenspitzen, damit die Beinmuskeln wieder angespannt werden.

Der genannte Ratschlag ist auch für die wenigen gültig (etwa 100 unter den 100 000), die sich noch nach dem Üben benommen fühlen. Vereinzelt wurden hier bedenkliche Zwischenfälle mitgeteilt, wenn in anderen Übungskursen Teilnehmer nach den Übungen sich nicht ausreichend fahrtüchtig ans Steuer setzten (in einem Beispiel fuhr ein Teilnehmer mit 150 Stundenkilometern durch eine Hauptverkehrsstraße, ohne die Ampeln zu beachten; in einem anderen Beispiel irrte ein Teilnehmer nach dem Kursus viereinhalb Tage durch die Bundesrepublik, ohne orientiert zu sein).

Solche Vorkommnisse unterstreichen die unabdingbare Forderung von *I. H. Schultz:* Nur Ärzte dürfen Kurse für Autogenes Training leiten, und nur sie können sich am Abschluss jeder Stunde von dem vollwachen Zustand der Teilnehmer durch Fragen und Beobachtungen zuverlässig überzeugen.

Wenn das »ausführlichere Zurücknehmen« nicht ausreicht, kann der ärztliche Versuchsleiter den Zustand wie eine tiefe Hypnose mit begleitenden energischen Streich-Bewegungen zurücknehmen und zusätzlich mit gegebenenfalls (über-)lauter Stimme den Namen des Teilnehmers rufen und ihn an den Handgelenken hochreißen. (Dies Vorgehen habe ich mehrfach bei *I. H. Schultz* beobachtet und musste es einmal selbst durchführen, als ein Teilnehmer in der Droschkenkutscherhaltung verharrte und nur noch sagen konnte: »Ich bin gelähmt.«) (Der Bearbeiter)

3. Vorversuch

Man lege den Arm entspannt bequem auf: Er wird als schwer empfunden. Dann hebe man den Arm in die Schulter: Die Empfindung der Armschwere verschwindet.

Nach 4–6 Übungstagen wird das Schweregefühl im Übungsarm immer deutlicher und tritt immer schneller ein. Zugleich wird es auch in den anderen Gliedmaßen fühlbar, am häufigsten im anderen Arm. Ist das Schweregefühl in beiden Armen deutlich, so gilt die Formel »beide Arme sind schwer«.

Wer zu lange bei dem ersten Übungsarm verweilt, auch wenn die Ausbreitung auf den anderen Arm oder gar auch schon auf die Beine erfolgt ist, der erschwert, verzögert oder hindert sogar den Entspannungsvorgang.

Aus diesem Grunde sollte man beim Bericht des Übenden, er spüre auch schon ein Ziehen im anderen Arm, also z. B. im linken Arm, gleich die Anregung geben, nun zu konzentrieren »beide Arme sind ganz schwer«. Andernfalls hält der Übende die Schwere zu lange am ersten, meist rechten Übungsarm fest, da Aufmerksamkeit und körperliche Umschaltung ineinander übergehen.

Bei der Schwereübung handelt es sich immer um ein reflektorisches Geschehen, das symmetrisch auftritt. Die subjektive Aufmerksamkeit lässt uns die Schwere aber zunächst nur in einem Arm wahrnehmen.

Normalerweise ist in 6–10 Tagen die Übung soweit vorgeschritten, dass durch einen Augenblick innerer Konzentration sich Arme und später auch beide Beine entspannen.

2. Übung: Wärmeerlebnis (Gefäßentspannung)

Muskelübungen haben an und für sich nichts Überraschendes, da der Laie die Bewegungen der Muskeln für »willkürlich« hält. Merkwürdiger scheint schon, dass die Weite der Blutgefäße durch Konzentration geübt werden kann. Aber Gemütsbewegungen sind ja bekanntlich mit Veränderungen der Gefäßweite verbunden, z.B. Erröten, Erblassen. Die Abhärtung durch Luft- und Wasserbäder »übt« die Blutgefäße. Wir bewegen uns hier also auf sicherem Boden. Die Übungsfähigkeit der Blutgefäße in der Hypnose ist ebenfalls bekannt. Das Autogene Training verfolgt mit diesen Erfahrungen ein doppeltes Ziel:

1. Körperbeherrschung,
2. Versenkung durch Entspannung.

Systematisch geübt, wird hier der Beweis geliefert, dass der Normale diese Funktion weitgehend selbsttätig beherrschen lernen kann.

Die vom Herzen in den Körper leitenden Arterien, die Haargefäße (Kapillaren) in den Organen und die das Blut zurückführenden Venen bilden einschließlich des Lungen- und Leberkreislaufs sozusagen das »periphere Herz«. Das Unterhautgewebe kann ein Drittel des Blutes aufnehmen. Die Verteilung des Blutes in den Gefäßen wird durch Erweiterung und Verengung der Gefäße durch das Nervensystem reguliert und richtet sich nach Leistung, Erregung (Gemütsbewegung) und Hemmung. Das »periphere Herz«, das Gefäßsystem also, ist ein lebendiger Apparat mit wechselndem Druck und wechselnder Strömungsgeschwindigkeit. Jede Einzelreaktion ist mit dem Ganzen zusammengeschaltet. Auch das Wärmeerlebnis ist die Folge einer Entspannung, nämlich die »unwillkürlichen« Muskeln, die die Blutgefäße umgeben, geben dem Blutstrom in dem vergrößerten Durchmesser mehr Raum.

Ist das Schwereerlebnis gut, d. h. über beide Arme und Beine sich ausbreitend erarbeitet, wird die Übung zusammengefasst zu:

Arme und Beine sind ganz schwer, später auch einfach **Schwere**, 2- bis 6-mal.
Ich bin ganz ruhig, oder **Die Ruhe wird immer tiefer**, später **Ruhe**, 1-mal.
Der rechte Arm ist warm, etwa 2-mal konzentriert, dann:
Der linke Arm ist warm (etwa 2-mal).
Beide Arme sind strömend warm (etwa 2-mal).
Auch die Beine sind warm (etwa 2-mal).
Alle Glieder sind strömend warm (etwa 2-mal).

Stellt sich das Wärmegefühl gleich und deutlich in beiden Armen oder gar in allen Gliedmaßen ein, so folgen die Formeln jeweils dem verkürzten Erleben: *»Beide Arme sind strömend warm«* oder *»Alle Glieder sind strömend warm«*.

Die Zahl der jeweiligen Wiederholungen ist wesentlich bestimmt durch die Gesamtübungszeit der 4 Minuten, die *I. H. Schultz* in den Kursen so nachdrücklich empfahl. Wer zunächst nur die Schwere in einem (oder beiden) Arm(en) übt, weil sie sich nicht zuverlässig genug einstellt, der wird 4- bis 6-mal bei der Konzentration verweilen; wenn sich Schwere und Wärme in allen Gliedern bei langsamem Durchdenken der Worte einstellt, der wird nur je zweimal jeden Satz in diesem Zeitraum unterbringen. Dadurch erübrigt sich ein etwa ablenkender Blick auf die Uhr.

Mehr als ein Viertel der Übenden erlebt zuerst die Wärme und dann die Schwere, ohne dass diese veränderte Reihenfolge der Entspannung sich auf den Gesamtablauf des Trainings auswirkt.

Übende mit Krampfadern sollten die Beine nicht ausdrücklich warm einstellen. (Manche empfinden die entgegengesetzten Worte: »Die Beine sind angenehm kühl« dann als wohl tuend.

Eine heilende Wirkung auf die Krampfadern ist jedoch von diesen Worten nicht zu erwarten.)

Bei einem mit durchschnittlichem Erfolg Übenden zeigt sich bald, meist in der Ellenbogen-Unterarm-Gegend, eine strömende Wärme. Ebenso wie die als Schwere fühlbare Muskelentspannung mit elektrischen Messgeräten (Myographie und anderen Methoden) ausgewertet werden kann, ist die Wärmeempfindung als eine Umstellung des lebenden Organismus nachgewiesen. Seine periphere Wärmeausstrahlung wurde gemessen. Dabei stellte man fest, dass eine um etwa 1 °C gesteigerte Wärmeausstrahlung an der Peripherie der Körperoberfläche erfolgt. Das Gewebe wird um 6–8 °C wärmer.

Ein »Zurücknehmen« des Wärmeerlebnisses, d. h. ein willkürliches Beenden der Wärmeübung, ist nicht nötig, da die Blutgefäße elastische, vom Organismus regulierte Gebilde sind, die von selbst zur gewohnten Weite zurückkehren.

Wird jede Übung genau und vollständig durchgeführt, kann man im weiteren Verlauf, normalerweise nach 2 Wochen, beobachten, wie das Wärmegefühl zuerst im Unterarm immer deutlicher und dann auch in allen 4 Gliedmaßen fühlbar wird (»Die Beine sind weniger ich-nahe; sie folgen etwas später«).

Rund 5 % der Kursusteilnehmer haben nach 3 Wochen des regelmäßigen Übens weder die Schwere- noch die Wärmeerlebnisse ausreichend zuverlässig erreicht. (Schon von der 2. Stunde an wird jedesmal danach gefragt und geraten, auf der vordersten Stuhlreihe Platz zu nehmen.) Dann legt der ärztliche Versuchsleiter bei dem 3-maligen Üben(!) in jeder Doppelstunde seine Hände mit sanftem Druck auf die Unterarme oder auf die Schultern des Übenden. Darauf stellt sich ein angenehmes, meist während der ganzen Übung anhaltendes Schweregefühl ein.

Vielleicht ist zu Hause ein Angehöriger bereit, dem Übenden den gleichen Dienst zu erweisen. Einem Alleinstehenden verhilft eine Badewanne mit angenehm warmem Wasser nicht nur allgemein zur deutlicher erfahrenen Schwere. Wer vielmehr langsam erst den rechten und dann den linken Arm aus dem Wasser hebt, muss (trotz der Anspannung weniger Schulter- und Oberarmmuskeln) das ganze Gewicht des – mindestens 4 kg schweren – Armes spüren. Nach dem »Archimedischen Prinzip«, einem Grundgesetz der Physik, hatte ja zuvor der Arm im Wasser durch dessen tragende Kraft dieses Gewicht verloren, das jetzt wieder deutlich spürbar wird.

Auch die Beine lassen sich in gleicher Weise aus dem Badewasser heben und werden dann ebenfalls als schwer erfahren.

Der Rat, »etwas häufiger zu baden«, führt also (nach bisher höchstens 10-maligem Wiederholen) auch dann zum Erleben der Schwere im Autogenen Training, wenn später das Wasser fehlt.

In ähnlicher Weise lässt sich das Erleben der Wärme in den Armen herbeiführen, wenn je eine Schüssel mit gut warmem Wasser rechts und links dicht bei dem Übenden auf einem Stuhl so bereitsteht, dass die (entblößten) Arme bei der Wärmeformel hineingleiten können. Falls erforderlich, kann noch eine dritte Schüssel für die Füße vorbereitet sein.

Dabei gehen Schwere und Wärme auch mehr und mehr auf den Rumpf über.

Blutgefäß-Entspannungsübungen sind durchaus nicht als harmlos anzusehen, da durch die veränderte Blutverteilung der Organismus u. U. stark beeinflusst wird. Gerade die Wärmeübungen sollten daher nur unter ärztlicher Kontrolle durchgeführt werden, da nur der Arzt aufgrund fachlicher Schulung entscheiden kann, ob Bedenken vorliegen.

Mehrere Untersuchungen (*Polzien* u. a.) zeigten eine Umstellung der gesamten inneren und äußeren Blutverteilung während des Autogenen Trainings.

Wird beim Autogenen Training eine neue Übung angeschlossen, wie jetzt die Gefäßentspannung nach dem Schwereerlebnis, soll der Übende sich immer in der Hauptsache auf eine gründliche Darstellung des Bekannten konzentrieren und das Neue zunächst anschließen, wie es im Beginn der Schwereübung dargestellt wurde (s. S. 22 ff.).

Sind schließlich Schwere und Wärme schnell und deutlich erreicht, schließen sich die weiteren Übungen an, nach deren Beherrschung dann die Grundstufe des Autogenen Trainings erreicht ist.

3. Übung: Herzregulierung

Das Herz ist ein überaus kräftiger, mit kurzen Erholungssekunden unermüdlich arbeitender Pumpenmuskel, der in seiner Funktion durch zahlreiche Nerven abgesichert ist. Durch das Wärmeerlebnis hat der Übende schon die Blutgefäße als »unwillkürliches Körpersystem« selbsttätig zu beeinflussen gelernt. Dasselbe geschieht in der 3. Übung mit dem Herzen. Die Entspannung der Muskeln wurde durch die Konzentration »Schwere«, die der Blutgefäße durch das Erlebnis »Wärme« erreicht. Was fühlt man am Herzen? Manche Menschen kennen die körperliche Empfindung ihres Herzens von Anstrengungen, Erregungen, Fieber usw. Jedem vierten durchschnittlichen Menschen aber sind die Herzempfindungen nicht geläufig. Er muss sie sich erst »entdecken«.

Übende, die keine örtliche Empfindung des Herzens erleben, können oft den Pulsschlag in einer beliebigen anderen Körperstelle wahrnehmen und sich hieran orientieren.

Viele bevorzugen es, sich selbst den Pulsrhythmus am Handgelenk (oder mit aufgestütztem Ellenbogen an der Halsschlagader) zu ertasten. Andere wickeln einen Gummiring um eine Fingerspitze.

Mit weiterem Üben stellt sich dann gelegentlich auch das Herzerlebnis spontan ein. Geschieht es nicht, wird versucht, das Herzerlebnis selbst zu entdecken: Dabei wird in Rückenlage der rechte Ellenbogen so unterstützt, dass er ebenso hoch liegt wie der Brustkorb. Nun wird die rechte Hand auf die Herzgegend gelegt. Der linke Arm liegt wie üblich. Danach werden Schwere, Wärme, Ruhe eingestellt und in Gedanken dorthin in die Brustwand konzentriert, wo die Hand aufliegt. Der Druck der Hand ist eine Art Wegweiser. Nach einigen Übungen werden nun Herzempfindungen bemerkt und unter steter Wiederholung des ganzen Übungsganges (»Schwere – Wärme – Ruhe«) in diese Gegend des Körperinneren konzentriert:

Herz schlägt ruhig und kräftig; bei leicht Erregbaren: **... ruhig und regelmäßig,**
oder, besonders beruhigend: **Herz schlägt ruhig, rhythmisch, regelmäßig.**

Die Herzübung wird meist weniger eindrucksvoll erlebt als Schwere und Wärme. Ihr Sinn liegt vornehmlich in einem Hinwenden der Aufmerksamkeit nach innen (fortschreitende Konzentration) und in dem Erleben des Rhythmus, mit dem später die persönlichen Zusatzformeln verbunden werden.

Ist die Herzempfindung gelernt, das »Herzerlebnis« entdeckt, wird die Hand nicht mehr auf die Herzgegend gelegt, sondern in üblicher Haltung weitergeübt und das Herz »direkt«, ohne äußere Hilfe reguliert. In der Übung sollte der Herzschlag aber nicht durch Konzentration verlangsamt werden, da dies nachteilig sein kann. Nach längerer Übung kann dann, wenn ärztlich angezeigt, auch die Pulsfolge beeinflusst werden. Die Herzübung erfordert eine besonders sorgfältige ärztliche Aufsicht.

Langen schlug vor, besonders bei jüngeren Übenden und solchen »Nervösen«, die über Missempfinden am Herzen beim Üben klagen, die Reihenfolge zu ändern und die Atemübung vor das Ruhigstellen des Herzens zu setzen. Der Kardiologe und Chefarzt *Hermann Ell* hat dies bei seinen Patienten mehrere Jahre hindurch so versucht, ist jedoch wieder zu der ursprünglichen Reihenfolge von *I. H. Schultz* zurückgekehrt.

Unbeschadet dieser Erfahrung können jedoch feinempfindsame Herzpatienten die Herzübung auch an die letzte Stelle setzen.

Wiederum kann nur der *ärztliche* Kursusleiter nach seinen Kenntnissen und Erfahrungen beurteilen, bei welchem Übungsteilnehmer die relativ häufig (1%) beklagten Herzbeschwerden und -schmerzen am besten unbeachtet bleiben (z. B. bei Hypochondern mit der Formel »Beschwerden sind ganz gleichgültig«), wann und wie nur die Reihenfolge der Formeln zu ändern ist und wann vor allem ein EKG die erforderliche genaue Diagnose klären muss.

4. Übung: Die Atemeinstellung

Die Atmung steht auf der Grenze von willkürlich steuerbarer und selbsttätig ablaufender Tätigkeit. Im Autogenen Training wird die in der Muskel-, Blutgefäß- und Herz-Ruheentspannung erarbeitete innere Lösung unmittelbar in die Atmung hineintrainiert, wie sich auch die Schwere und Wärme »von selbst« von dem einen Übungsarm am Beginn auf die anderen Gliedmaßen ausgebreitet, d.h. generalisiert haben. Im Autogenen Training stört jedes absichtliche Selbstbeeinflussen der Atmung; denn es würde ja Spannung und Willkür bedeuten. Der Übende hat sich so einzustellen, dass erst die Übungshaltungen 1–3 sorgfältig erlebt werden. Daran soll sich dann die Konzentration anschließen:

Die Atmung ist ganz ruhig und gleichmäßig.

Für viele Übende ist die Verführung groß, die Atmung irgendwie absichtlich zu ändern, etwa im Sinne einer irgendwo erlernten Atemübung. Das muss für das Autogene Training unbedingt vermieden werden. Die Atmung soll aus dem gesamten Ruhetönungserlebnis heraus von selbst in eine ganz ruhige Einstellung kommen. Um jedes falsche absichtliche Atmen auszuschalten, ist die ergänzende Konzentration zu empfehlen:

Es atmet mich (oder: **Es atmet in mir** *[Langen]*)

Die Atmung soll sich aus der Ruheentspannung heraus gestalten, den Übenden »tragen« und »nehmen«. Er soll sich der Atmung hingeben wie beim Schwimmen auf leicht bewegtem Wasser in passiver Rückenlage.

Besonders bewährt hat sich der Wortlaut von *G. Fairfull-Smith:* (vgl. S. 11).

Jeder Atemzug vertieft die Ruhe.

Zahlreiche asiatische Versenkungsmethoden beginnen damit, die Atmung absichtlich umzustellen. Beim Autogenen Training dagegen soll die Aufmerksamkeit nur dem natürlichen Atemrhythmus folgen.

5. Übung: Regulierung der Bauchorgane (»Sonnengeflecht«)

Ebenso wie Gliedmaßen und Brust (Atmung, Herz) sollen die Bauchorgane entspannt werden. Der Übende stellt sich zu diesem Zweck auf den größten Lebensnervenknoten des Bauchraums, auf das Sonnengeflecht ein. Er liegt etwa in der Mitte zwischen Nabel und unterem Ende des Brustbeins, also in der oberen Leibhälfte. Hierhin konzentriere sich der Übende als nächstes, nachdem die Übungen 1–4 erarbeitet worden sind:

Das Sonnengeflecht ist strömend warm.

Einige Übende können trotz einer Beschreibung sich nur schwer vorstellen, wo das »Sonnengeflecht« liegt und wie es aussieht.

Da zudem dieses viersilbige Wort sich nur schwer einem Rhythmus einfügt, stimmte *I. H. Schultz* schon 1950 dem Wortlaut zu, den der Bearbeiter dieser Auflage seither bevorzugt:

Der Leib ist strömend warm.

Diese Übung sollte mehrmals wiederholt eingestellt werden.

Recht unterschiedlich werden dann Wert und Erfolg dieser Formel eingeschätzt: *Langen* hielt die 5. Übung für unwichtig und ließ sie fort. *Wallnöfer* hält sie für die wichtigste (und besonders wirksam gegen verbreitete Erscheinungen der Impotenz). Er meint auch, fast jedem gelinge dieses Erleben der Wärme.

Wir haben mehrere tausend Übungsteilnehmer befragt:

8 % erleben schon nach einer Woche eine strömende Wärme im Leib,
40 % berichten davon nach 3 Monaten regelmäßigen Übens, und die Zahl wächst auf über
50 %, wenn Ratschläge zum Intensivieren befolgt werden:

Der Übende sollte eine Decke über den Leib legen (im Bedarfsfall gar mit Wärmeflasche oder Heizkissen), um den durch die verminderte Muskelspannung bedingten Wärmeverlust auszugleichen.

Auch die Vorstellung, die Wärme würde beim Ausatmen über den Leib streichen, erleichtert das Gelingen.

Nun liegt bei normalem Übungsgang der Übende mit schwerem, strömend warmem, ruhig durchatmetem und durchpulstem Körper entspannt da.

6. Übung: Einstellung des Kopfgebietes

Im Beruhigungsbad (*Kraepelin* u. a.), das der Einstellung im Autogenen Training als Modell dienen kann, wird die beruhigend lösende Wirkung verstärkt, wenn eine kühle (nicht kalte) Kompresse auf der Stirn liegt. Wir verlangen von einem »rechten« Menschen, dass er ein warmes Herz und einen kühlen Kopf hat. Unruhe und Erregung drängen das Blut zum Kopf. Im Autogenen Training wird daher die Kopfgegend, die »Kopfsphäre«, besonders eingestellt. Der Übende konzentriert sich vorsichtig zunächst nur für wenige Sekunden, etwa 2-mal bis zur ersten örtlichen Empfindung, dann 3- bis 6-mal:

Die Stirn ist angenehm kühl oder ... ein wenig kühl (Vorsicht! Vgl. nächste Seite).

Die Wärmekonzentrationen und die damit verbundenen Wärmeerlebnisse erweitern eindeutig messbar die Blutgefäße, so dass sich auch die Hauttemperatur erhöht. Anders scheint es beim Kühleerlebnis der Stirn zu sein. Die bisher von uns durchgeführten Messungen – sie sind noch nicht ganz abgeschlossen, so dass sie nicht wissenschaftlich exakt ausgewertet werden können – scheinen aber dafür zu sprechen, dass diese Konzentration »Stirn angenehm kühl« mehr psychologisch wirkt.

Wer sich auf »Stirn angenehm kühl« konzentriert, richtet die Aufmerksamkeit eben auf die Stirn und nimmt dadurch auch leichtere Luftbewegungen wahr, die dann subjektiv das Gefühl der Kühle vermitteln. Nach den (noch unveröffentlichten, mündlich mitgeteilten) Untersuchungen stellte *K. Mann* bei dieser Übung eine leichte Erwärmung des Gesichts unterhalb der Augen fest, so dass von einer »relativen Stirnkühle« zu sprechen ist.

Durch die Konzentration »Stirn angenehm kühl« wird der Kopf als das geistig steuernde Zentrum aus dem übrigen Körperbereich herausgenommen, so dass zusätzlich ein besonders angenehmes subjektives Empfinden entsteht.

Besondere Vorsicht muss bei dieser Stirnkühleübung walten, wenn Patienten an Spannungskopfschmerzen oder anfallsartigen Kopfschmerzzuständen leiden. Dann empfiehlt sich in jedem Fall die abgeschwächte Konzentration, in Form von *»Stirn angenehm …«* oder *»… ein wenig kühl«*.

Müller-Helgemann hat in seinem Buch »Psychotherapie« (1957) vorgeschlagen, die stärksten Muskeln, die Kaumuskeln (leicht an den Wangen beim Zubeißen tastbar), und die besonders empfindsame Zunge, ebenfalls ein Muskel, als Zusatzübung ausdrücklich zu entspannen:

Unterkiefer und Zunge sind ganz schwer.

I. H. Schultz billigte diese Formel, die fast jeder Übende eindrucksvoll erlebt, so dass sie auch hier empfohlen wird. Bei vielen, die liegend üben, öffnet sich bei diesem Einstellen spontan der Mund, so dass dieses »Unterkieferphänomen« deutlich sichtbar wird. Es ist jedem Hypnosearzt als Zeichen besonderer Hypnosetiefe vertraut.

Mit den 6 beschriebenen generalisierten Übungen ist das Autogene Training in seiner Grundübung – früher Unterstufe genannt – aufgebaut.

Die Gesamtübung* umfasst nun nach der Ruhe als Ausgangserlebnis, in Form der Konzentration **Ruhe.**

Arme und Beine sind schwer bzw. **Schwere.**

Arme und Beine sind warm bzw. **Wärme.**

Herz schlägt ruhig, kräftig, regelmäßig
oder – mit dem Vorteil des Stabreims –
Herz schlägt ruhig, rhythmisch, regelmäßig.

Die Atmung ist ganz ruhig – es atmet mich.
Jeder Atemzug vertieft die Ruhe.

Der Leib ist strömend warm.

Die Stirn ist angenehm kühl.
Unterkiefer und Zunge sind ganz schwer.

Dann erfolgt das »Zurücknehmen«, das schon zu Anfang erklärt wurde, in Form von: **Arme fest, tief atmen, Augen auf.**

---

* Vor allem das fett Gesetzte sollte konzentriert werden (Der Bearbeiter).

Nach etwa 2 Monaten haben die regelmäßig Übenden die 6 Übungen erworben. Sie sollten nun durch tägliches Trainieren, mindestens einmal, besser 2- bis 3-mal täglich, in den folgenden 4–6 Monaten so angeeignet werden, dass die Intensität des Erlebens immer größer wird und immer schneller eintritt. Jede Gesamtübung wird durch sorgfältiges Zurücknehmen (»Arme fest, tief atmen, Augen auf«) abgeschlossen.

So lernt der Organismus, sich auf innere Konzentration in allen Systemen tief zu entspannen und beim Zurücknehmen wieder aktiv zu spannen. Die Übenden erwerben also eine **selbstgesetzte Entspannungs-Spannungs-Schaltung.**

Ist durch vereinheitlichtes Üben ein fast schlagartiges Umschalten erreicht, genügt für die praktische Verwendung oft eine **Teilentspannung**, zu der sich besonders das **Schulter-Nacken-Feld** eignet. Lässt der Übende im Stehen hier intensive »Schwere« erscheinen, führt dieses Teilerlebnis die Gesamtentspannung mit allen ihren Vorteilen herauf, ohne dass eine besondere Körperhaltung nötig ist.

Auch lässt sich das Üben noch weiter zusammenfassen, wenn es nach Monaten der heilsamen Gewohnheit immer schneller und zuverlässiger als einheitliches Ganzes eintritt.

Alle Glieder sind schwer und warm,
Herz und Atmung sind ruhig und gleichmäßig,
Leib warm, Stirn kühl.

Später genügt

Autogenes Training

oder gar nur

A.T.

und die **Gesamtumschaltung** erfolgt.

Verlauf und Anwendung

Der Übende soll nie **krampfhaft** eine Einstellung erzwingen oder festhalten wollen. Er sollte innerlich sich vielmehr von einer Übung zur anderen wenden, gewissermaßen lässig in den Innenerlebnissen spazierengehen und sie auf sich zukommen lassen.

Der Übende soll versuchen, die Übungsformeln (»Arm ist ganz schwer« usw.) **bildhaft in seinem Inneren,** in seiner Phantasie erscheinen zu lassen, etwa als Leuchtbuchstabenschrift im Dunkel der geschlossenen Augen, als Melodie, als Klangspruch, als Bild usw.

Die Übenden sollten also weniger in Begriffen »denken«, als vielmehr nach innen einfach »schauen«, sich den Bildern des Innenlebens zuwenden, die den Formeln entsprechen. Der Übende sollte sich nicht krampfhaft eine Formel innerlich vorsagen und sich ängstlich bemühen, nur an diese Formel zu denken. Das wäre eine aktiv spannende Haltung, die leicht und damit das Autogene Training stört. Eigene, den Übungen nicht zugehörende Gedanken sollte ein Übender ruhig erscheinen und vorübergehen lassen. Das gelingt um so besser, je mehr die Übungsformeln Bilder sind, die man anschauen und behaglich ohne jede Anstrengung längere Zeit im inneren Auge oder als Klang im Ohr behalten kann. So vollziehen sich das »Einwachsen« der Entspannungen in den Organismus und die Generalisierung ganz naturhaft und nachhaltig.

Wie bei jedem Üben kommen auch beim Autogenen Training Zeiten eines Nachlassens vor, z.B. kann während einer einfachen Infektion, einem Schnupfen, die Fähigkeit zum Entspannen für einige Zeit verloren gehen. Später wächst gerade die

Widerstandskraft gegen manche Infektionen. Später kann der Übende nach einer Pause von einigen Tagen nochmals mit der 1. Übung beginnen, die dann in der Regel nach einiger Zeit zu der Gesamtübung führt.

Bei Störungen oder Auffälligkeiten sollten sich Übende, gleichgültig ob es sich um Gesunde oder Kranke handelt, an den sie beim Autogenen Training betreuenden Arzt wenden, besonders beim Auftreten von Unruhe oder Organfunktionsschwankungen während des Übungsverlaufs.

Schläft ein Übender beim »abendlichen Üben« oder beim Üben nach Tisch während oder unmittelbar nach der Übung ein, ist wie bei der Hypnose mit dem normalen Schlaferwachen die Umschaltung beendet und kein Zurücknehmen mehr erforderlich. Man sollte Übende nach der abendlichen Übung nicht zurücknehmen, sondern das Autogene Training in den Schlaf übergehen lassen.*

Wird die Übung beherrscht, kann der Übende im entspanntkonzentrierten Versenkungszustand **Muskelspannungen** von oft ganz außerordentlicher Stärke darstellen, die u. U. weitgehend unbemerkt auftreten. Sie sind als hypnotische Muskelstarre (Katalepsie) lange bekannt. Ihre Darstellung sollte ärztlichen Versuchsleitern vorbehalten bleiben, da bei ungeeigneten Versuchspersonen langdauernde Muskelkrämpfe auftreten können.

Leichter erreichbar ist die **Verringerung von Schmerzerlebnissen.** Konzentrieren Übende in guter Versenkung auf eine Hautstelle, z.B. den Handrücken, eine leichte Kühle entsprechend dem Stirnversuch und knüpfen daran die Konzentration: *»Haut schmerzfrei«*, so kann der Versuchsleiter bei rund 40% der Üben-

* *Schultz* hat diesen Gedanken in den Satz gekleidet: Übende »störe ich abends nach der Übung nicht mit der Besorgnis, zurücknehmen zu müssen, sondern überlasse sie ruhig dem Schlaf« (16. Aufl., S. 24).

den durch Nadelstiche eine herabgesetzte oder sogar fehlende Schmerzempfindung nachweisen. Manchmal kommt der Schmerz beim Zurücknehmen hinterher. Desgleichen ist die Rötung der Haut am Einstich an der schmerzarm gemachten Hand oft geringer. Ebenso muss der Übende vor dem Zurücknehmen erst wieder normales Empfinden in den Handrücken konzentrieren und die Kühle durch Wärme ersetzen, ehe das eigentliche »Zurücknehmen« erfolgen kann. Die konzentrative Schmerzverringerung lässt den Schmerz überhaupt nicht erscheinen. Die Hypalgesie (Schmerzverringerung) besteht nicht in einer Unterdrückung der Schmerzäußerung wie etwa beim Zusammennehmen im Alltag. Die konzentrative Schmerzverringerung kann z. B. beim Zahnarzt und in anderen Alltagssituationen angenehme Dienste leisten.

Aus den Vereinigten Staaten liegen inzwischen ausführliche Untersuchungen über die schmerzlindernde Wirkung von Hypnose und Autogenem Training vor, besonders auch in der Geburtshilfe (Einzelheiten in *Thomas, K.*: Praxis des Autogenen Trainings).

Aber auch für den durchschnittlichen Alltag ist das Autogene Training wertvoll. Seine Verwendung und Verwertung ist nach verschiedenen Richtungen möglich.

Entspannung als Erholung

Spannung ist Kräfteverbrauch, Entspannung spart Kräfte. Diese ersparten Kräfte werden der Erholung, dem Wiederaufbau zugeführt. Daher ist eine wesentliche Bedeutung des Autogenen Trainings darin gegeben, dass eine autogene Versenkung von 5–20 Minuten eine außerordentlich erfrischende und leistungssteigernde Wirkung hat. Einen allerdings extremen Beweis erbrachte *Lindemann:* Mit Hilfe autogener Erholungs- und Schlafersatzanwendung konnte er beim zweiten Versuch den Atlantik in

72 Tagen und Nächten in einem Serienfaltboot allein überqueren.

Autogenes Training und Einschlafen haben in manchem ähnliche Symptome: Autogen trainierte normale Übende können ihren Schlaf sofort eintreten lassen und ebenso mit genauem Termin beenden.

Entspannung als Ruhigstellung

Entspanntes Tun und Leben spart Kräfte für Wesentliches. Wer mit Ausdauer trainiert, wird unvermeidlich einer ruhigeren und gelasseneren Haltung zugeführt. »Ich kann mich nicht mehr ärgern«, berichten viele Übende schon nach einiger Übungszeit. Dabei handelt es sich aber nicht um eine Gefühlsabtötung. Nur die falschen verkrampften Gefühlsstörungen lösen sich auf. Echte Gefühle bleiben nicht nur lebendig, sondern vertiefen sich; denn das Autogene Training bewirkt stets eine dem inneren Wesen entsprechende Entwicklung.

Entspannung zur Intensitäts- und Leistungssteigerung

Gesammelt, »konzentriert«, ihrem Inneren zugewandt, können Übende viele Leistungen steigern. Empfindungen (vgl. die »Entdeckung des Herzerlebnisses«, S. 37), Gefühle, innere Einsichten, Erinnerungen stehen klarer und besser zur Verfügung.

Ein Interessierter nehme z. B. ein zum großen Teil vergessenes Gedicht aus der Schulzeit und kontrolliere, was er davon noch beim genauen Besinnen weiß. Geht er nun in die autogene Versenkung, erscheinen oft schlagartig große Teile des Erinnerungsbildes zusätzlich vor dem geistigen Auge.

Entspannung zum Selbstbeherrschen und Selbstbestimmen

Die Selbstbeherrschung, die der Alltag fordert, wird durch das Aneignen des Autogenen Trainings wesentlich erleichtert, weil der Mensch von innen heraus ruhig wird (Gelassenheit). Er ist ferner in der Lage, Blutverteilung, Herzschlag und andere Körperfunktionen, die sonst als »unwillkürlich« gelten, weitgehend selbst zu regulieren. Schon das Kleinkind muss erst durch monatelanges Zappeln seine Arme, Beine, Augen usw. »entdecken«. Übende im Autogenen Training erfahren das »Herzerlebnis« und kennen dann dessen Rhythmus und Ruhe; denn äußere Bewegung ist lebenswichtig. Der Durchschnittsmensch aber kann nur einige wenige Bewegungen spontan durchführen. Will er neue ausführen (Turnen, Maschinenschreiben usw.), muss er den neuen Ablauf von Muskelbewegungen erst erlernen. Er muss »üben«. Es besteht also kein grundsätzlicher Unterschied zwischen äußeren Bewegungsmuskeln und denen der Innenorgane (Blutgefäße, Herz, Magen–Darm usw.).

Für den Normalablauf des Autogenen Trianings ist die Beherrschung der so genannten »unwillkürlichen« Körperfunktionen nur Mittel zum Zweck. Bei der Behandlung von Krankheiten kann es unter spezieller ärztlicher Aufsicht und Leitung wesentliche Aufgaben finden. Kleine Alltagsbeschwerden, wie z. B. Neigung zu kalten Füßen, sind für das Autogene Training gut und oft mit Dauererfolg zugänglich.

Die eigentliche Einstellung zum Leben und zu sich selbst kann der Geübte dadurch wirksam beeinflussen, dass er im Autogenen Training bestimmte erwünschte Einstellungen als Tatsachen setzt, die dann wirksam werden. So wie ein Übender konzentriert: »Arm **ist** warm«, so kann er sich ebenso vorstellen: »Sparsamkeit **ist** Freude« oder: »Ordnung **ist** Freiheit« oder: »Schreibtisch **wird** aufgeräumt« oder: »Brief **wird** geschrieben«

usw. Diese »formelhaften Vorsatzbildungen« in der autogenen Versenkung wirken wie posthypnotische Suggestionen automatisch, besonders, wenn sie ruhig und unbeirrbar eine Reihe von Tagen abends vor dem Einschlafen eingestellt und, am besten ohne Zurücknehmen, in den Nachtschlaf übernommen werden. Hier findet die zielbewusste **Selbsterziehung** schöne und lohnende Aufgaben. Von dem Abstellen kleiner dummer Angewohnheiten bis hinauf zur Arbeit am Charakter (»Mut **ist** Sieg«). Sehr hilfreich ist hier die vertiefte Innenschau der Versenkung als Grenzgebiet zur »Oberstufe des Autogenen Trainings«.

Entspannung als Hilfe für Werterlebnisse

Das Autogene Training ist **kein Rezept für Weltanschauungen.** Leben verlangt Polarität. Auf unser Thema angewandt, heißt das: hohe Kampf- und Wirklichkeitsspannung auf der einen, tief aufbauende, von innen quellende Lösung auf der anderen Seite. Hierfür ist das Autogene Training als eine konzentrativ-seelische Hilfe gedacht.

Werte erkennen und erleben, Werte ordnen und sie in die Tat umsetzen, das war für I. H. Schultz eines der höchsten Ziele des Lebens, aber auch des Autogenen Trainings. »Beachten Sie aber dabei stehts die Stellung des Bindestriches«, pflegte er zu betonen. »Mein Vater (...) war Theologie-Professor. Er hatte es mit der Seelenheil-Kunde zu tun. Mein Anliegen ist die Seelen-Heilkunde, die Psychotherapien.«

Diese Grenzen zu beachten, war das Streben von *I. H. Schultz,* der mehrere Arbeiten und Vorträge mit den Sätzen abschloss, die auch am Ende des Übungsheftes vor Irrtümern bewahren können.

»Religiöse Selbstbestimmung und echte Frömmigkeit gehören den höheren Werten und den frei menschlichen Erlebnisformen zu, die nur in ernster Seelenführung, Seelenbildung und nicht zumindesten in der Seelsorge beheimatet sind. Zu diesen höchsten Werten durch Beseitigung krankhafter Störungen in medizinisch-psychologischer Facharbeit den Weg zu öffnen, das allein ist die Aufgabe der Psychotherapie.«

Nachwort

Dem verdienstvollen Bearbeiter der 17. bis 20. Auflage, Prof. Dr. *D. Langen*, verdanken wir in seinem »Nachwort zur 18. Auflage« des Übungsheftes einen kurzen »Abriss der Geschichte« des Autogenen Trainings anhand der wichtigsten Veröffentlichungen von *I. H. Schultz* zu diesem Thema. Sie sollen hier – ergänzt aus dem Nachlass von *I. H. Schultz* und aus persönlicher Kenntnis – folgen, damit auch der heutige Leser sich einbezogen weiß in eine weltweite medizingeschichtliche Entwicklung, die mit der Entdeckung des Autogenen Trainings ihren Anfang nahm.

1920: *»Über Schichtenbildung im hypnotischen Selbstbeobachten«*. Monatsschrift für Psychiatrie 49, S. 137–143.

1924: Taschenbuch der psychotherapeutischen Technik. Fischer's Medizin. Buchhandlung H. Kronfeld, Berlin W 62.

Dort werden einige Gedanken erwähnt, die als Vorläufer für das Autogene Training gewertet werden können, wie etwa: »... sondern erfährt, wie hier die eigenen Vorstellungen Macht gewinnen« (S. 82).

Oder: »Als Ziel der Behandlung bezeichnen wir nun, einen Zustand herzustellen, der es gestattet, ›Vorstellungen‹ lebendig zu machen, die geeignet sind, den Krankheitserscheinungen entgegenzuwirken, und betonen, dass der Erwerb solcher seelischer Inhalte, wie jeder seelische Erwerb, an ein Üben und Lernen geknüpft ist. Nur durch ein systematisches Training ist es möglich, diese Dinge zu festem, seelischem Besitz zu machen. In diesem Sinne an die Behandlung herantretend, weisen wir nun den Kranken an, zunächst diejenigen Mechanismen zu benutzen, die ihm aus dem alltäglichen Leben am nächsten liegen: die der ›willkürlichen Muskulatur‹. Wir lassen ihn bequem Platz nehmen, die Augen schließen und seelisch eine vollständig passive

Haltung annehmen. In dieser passiven Haltung konzentriert sich der Kranke selbst auf die Vorstellung: »mein Arm ist schwer« (S. 84/85).

Auf S. 86 heißt es: »Dies erreichen wir in den folgenden Sitzungen, indem wir im selben Sinne konzentrativ üben lassen: ›der Arm ist warm‹, wobei die Wärmeempfindung, wellenförmig, meist von der Schulter absteigend, beobachtet wird« (S. 86).

»Unerlässlich ist nur von seiner Seite (des Patienten) ein konsequentes Selbstanwenden der gelernten Mechanismen und ein ruhiges, ausdauerndes Training« (S. 87).

Im Herbst 1924 hielt *I. H. Schultz* seinen *ersten Kursus für Autogenes Training in Berlin an der Lessing-Hochschule.* Hier finden diese Kurse noch immer (nur durch das Schließen der Lessing-Hochschule in der Kriegs- und Nachkriegszeit unterbrochen) als »prophylaktische Großgruppenkurse« mit je rund hundert Teilnehmern statt. Diese Kurse wurden erst von *I. H. Schultz* allein, ab 1966 gemeinsam mit und seit 1970 allein von *K. Thomas* durchgeführt.

1926: *»Über selbsttätige (autogene) Umstellungen der Wärmestrahlung der menschlichen Haut im autosuggestiven Training«.* Deutsche Medizinische Wochenschrift 52, S. 571–572.

1927: *»Über rationalisiertes autosuggestives Training (autogene Organübungen)«.* In: Bericht über den 2. allgemeinen ärztlichen Kongress der Psychotherapie in Bad Nauheim, 27.–30. 4. 1927. Hirzel, Leipzig, S. 289–296.

1928: *»Über autogenes Training«.* Deutsche Medizinische Wochenschrift 54, S. 1200–1201. (Hier bekommt das ein Jahr vorher [1927] vorgestellte Verfahren erstmalig seinen Namen.)

1929: *»Gehobene Aufgabenstufen im autogenen Training«* In: Bericht über den 4. allgemeinen ärztlichen Kongress für Psychotherapie in Bad Nauheim, 11.–14. 4. 1929. Hirzel, Leipzig, S. 106–113.

1929: *»Autogenes Training«*. Die Medizinische Welt 3, S. 1686–1688.

1932: *»Das Autogene Training; konzentrative Selbstentspannung; Versuch einer klinisch-praktischen Darstellung«* (1. Auflage 1932 bis 17. Auflage 1982). Thieme, Leipzig, später Stuttgart.

1935: Übungsheft für das Autogene Training (1. Auflage).

Von 1932 an erfreute sich das Verfahren einer ständig größer werdenden Beliebtheit, so dass es heute die weit über den deutschen Sprachraum hinaus meistangewandte Behandlungsmethode mit seelischen Mitteln ist und sich zunehmend den zentralen Platz in einer vorbeugenden Medizin erobert. Hierzu soll auch dieses Übungsheft dienen, das ganz im Sinn von *I. H. Schultz* und zum Teil nach dem mündlichen Wortlaut seiner Kurse in geringfügig geändertem Gewand seinen Weg antritt. Es kann und will den Gesunden das Leben erleichtern und ihre Leistungen fördern und manchem Kranken den Weg zur Heilung bahnen.

Klaus Thomas